LE RÔLE SOCIAL

DES

BIENS COMMUNAUX

PAR

Roger GRAFFIN

DOCTEUR EN DROIT

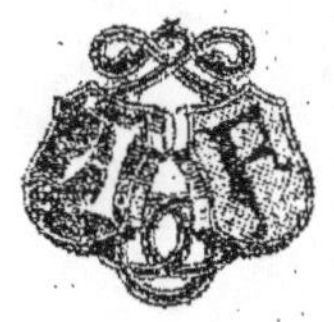

PARIS

ANCIENNE LIBRAIRIE THORIN ET FILS

ALBERT FONTEMOING, Éditeur

Libraire des Écoles françaises d'Athènes et de Rome,
du Collège de France, de l'École Normale Supérieure
et de la Société des Études historiques

4, RUE LE GOFF, 4

1899

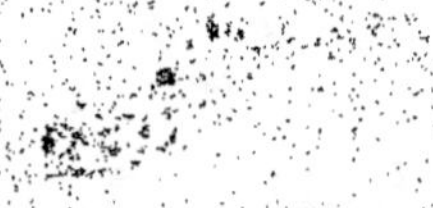

LE
RÔLE SOCIAL DES BIENS COMMUNAUX

Extrait de la *Revue générale du droit*.

TOULOUSE. — IMPRIMERIE A. CHAUVIN ET FILS, RUE DES SALENQUES, 28.

LE RÔLE SOCIAL

DES

BIENS COMMUNAUX

PAR

Roger GRAFFIN

DOCTEUR EN DROIT

PARIS

ANCIENNE LIBRAIRIE THORIN ET FILS

ALBERT FONTEMOING, Editeur

Libraire des Écoles françaises d'Athènes et de Rome,
du Collège de France, de l'École Normale Supérieure
et de la Société des Etudes historiques

4, RUE LE GOFF, 4

—

1899

LE

RÔLE SOCIAL DES BIENS COMMUNAUX [1]

CHAPITRE PREMIER.

CONSIDÉRATIONS ÉCONOMIQUES.

§ 1er. — *Importance et consistance du domaine communal.*

La fortune communale immobilière, dont nous avons esquissé l'histoire et les vicissitudes, reste d'une importance capitale.

« En 1863, » écrit M. Boiteau (2), « les biens communaux susceptibles de revenus et assujettis à la taxe de mainmorte étaient au nombre de 44,921 et s'étendaient sur une superficie de 4,855,445 hectares, soit le onzième du territoire de la France. »

A la fin de l'année 1877, les biens communaux offrent encore une superficie de 4,316,310 hectares, ce qui, par rapport à l'étendue totale du territoire de la France, représente un peu plus de 8 pour 100 (3).

---

(1) Extrait d'un mémoire couronné par la Société des Agriculteurs de France, session de 1899. Ce mémoire, qui formera un volume, est actuellement sous presse.

(2) Paul Boiteau, *Traité de la fortune publique et des finances de la France,* 1866, t. I, p. 407.

(3) Ces détails statistiques sont empruntés à l'excellente étude de M. de Crisenoy, *Statistique des biens communaux (Revue générale d'administration,* 1887). Depuis 1877, le Ministère de l'intérieur n'a publié aucun autre état des

La propriété communale, à cette époque, se décompose
ainsi :

Bois. . . . . 2,058,707 hectares.
Terres productives.. . . . . . . 1,620,503 hectares.
Terres improductives.. . . . . . . 637,100 hectares.

Total égal.. . . . . . 4,316,310 hectares.

§ 2. — *Les communaux et l'opinion. Mise au point de la question.*

Il faut le reconnaître, les communaux ne jouissent pas d'une
bonne réputation. Pour beaucoup d'esprits, il ne faut songer à
rien moins qu'à les faire disparaître. Pour cela, tous les
moyens seront bons. *Carthago delenda!* Et l'opinion publique,
plus prompte à accepter un jugement qu'à le discuter, colporte
ces idées.

« Tout le monde, » écrit M. Caffin (1), « est d'accord sur ces
faits : que les communaux sont l'objet de la convoitise des
propriétaires qui les avoisinent et de la dévastation de tous,
que ceux encore existants sont en général à peu près improductifs, et qu'il faut enfin en tirer tous les avantages qu'ils
peuvent produire. »

C'est ce que le Conseil général de la Haute-Vienne exprimait
en 1857 en ces termes : « Parmi les réformes qui, pour le
pays, ont un caractère spécial d'opportunité, le Conseil a placé
depuis longtemps en première ligne la *suppression* des communaux. L'existence de ces biens est, en effet, contraire à toutes les indications de la raison, de la science économique et de
la théorie agricole. Pour en bien comprendre tous les inconvénients, il suffit de comparer les biens indivis avec les biens
exploités par les particuliers ; il suffit de voir la position déplorable dans laquelle se trouvent tant de communes riches de
communaux étendus, et néanmoins tellement pauvres qu'elles
ne peuvent faire face aux moindres de leurs besoins ; il suffit

biens communaux. (Communication de M. de Crisenoy, ancien conseiller
d'État.)

(1) Caffin, *Des droits de propriété des communes sur les biens communaux*,
1860, p. 102.

enfin de jeter un regard sur ces bruyères stériles, ces landes désolées où les ruisseaux ravinent le sol, où les sources ne produisent que de dangereux bourbiers. »

Voici, rapporte M. Aucoc (1), ce qu'écrivait, en 1831, au sujet des communaux du département de la Creuse, M. Grellet-Dumazeau, conseiller à la Cour de Limoges : « Nos communaux ne consistent pas seulement en bruyères, ils présentent des pâturages précieux, et c'est là que se manifestent, de la manière la plus déplorable, les abus du régime communal. Des ruisseaux ravinent le sol. Des sources ne produisent que de dangereux bourbiers. Un pillage presque continuel dépouille ces malheureux terrains de leurs gazons et de leurs engrais naturels. La communauté entière vient y prendre sa terre à bâtir, et y pratique des excavations qui ne se comblent jamais. Les surfaces demeurées praticables aux voitures sont sillonnées de chemins dans tous les sens, avec tout le dédain, on pourrait dire toute la haine qu'inspirerait un sol ennemi. Enfin si, malgré ces causes, le communal donne quelque chétive production, elle est livrée au pâturage, de manière à la détruire, plutôt qu'à en profiter. Le gros bétail, les bêtes à laine, les chèvres, les porcs et les oies y sont jetés pêle-mêle, les uns ravageant et infectant ce qui aurait pu être pâturé par les autres. Ajoutons que ce terrain ne produit rien du tout pour le particulier sage et soigneux qui craint de mêler son troupeau à tant d'animaux nuisibles ou suspects de maladies contagieuses. »

Pour certains économistes, l'amélioration de la condition des habitants et même l'augmentation de la population est le résultat de la disparition des communaux.

« Nous avions en France autrefois, » écrit M. de Lavergne, « nous avons même encore sur beaucoup de points de vastes étendues de terres communes. Le même fait existait et existe encore en Angleterre, en Allemagne, en Belgique. Seulement, la jouissance en commun disparaît peu à peu partout. Pourquoi? Parce que l'expérience universelle a démontré que ce mode de jouissance n'était pas assez favorable à la production. Il faut dix fois, cent fois plus de terres communes que de ter-

____

(1) Aucoc, *Des sections de commune*, 2ᵉ édit., 1864, p. 457.

res appropriées pour nourrir une tête humaine. Examinez les
villages français qui possèdent encore de grands communaux :
ils sont tous, sans exception, moins peuplés et plus pauvres
que ceux qui n'en ont plus. Dès que ces communaux sont
soustraits d'une façon quelconque à la jouissance indivise, soit
par des partages, soit par des ventes, soit par de simples amo-
diations, la production s'élève, la condition des habitants
s'améliore et la population s'accroît (1). »

« Il nous est permis de conclure, » écrit M. Ferrand, « que
la jouissance en nature, que la dépaissance commune est un
emploi de la richesse municipale qui a pu convenir à l'état social, aux besoins publics, aux conditions agricoles d'autrefois,
mais qu'elle est aujourd'hui une anomalie, qu'elle n'a plus de
raison d'être ;

» Qu'équitable alors, elle est maintenant un privilége pour
quelques-uns et une spoliation pour le plus grand nombre,
qu'elle détermine la dégénération du bétail et met obstacle au
progrès agricole;

» Qu'enfin elle est incompatible, nous ne dirons pas avec une
bonne administration, mais avec une administration quelconque de la propriété communale (2). »

Devons-nous donc passer condamnation sur les communaux?

La question mérite bien quelque réflexion. Nous allons l'examiner. La moitié environ des communaux est en bois. Ces bois
pour la plupart sont soumis au régime forestier. Ils sont ad-
ministrés dans les mêmes conditions que les biens de l'Etat.
On ne peut donc sérieusement adresser de reproches à l'administration des communaux de cette espèce. Mettons les bois
hors de cause.

Reste une bonne moitié du domaine communal qui pourrait
mériter les reproches que nous signalons.

Il faut bien reconnaître cependant que, sur les 1,620,503 hectares de terres communales productives, les deux tiers environ
sont des pâturages en pays de montagne, qui ne sauraient

---

(1) L. de Lavergne, *L'agriculture et la population*, 1857 (Les ouvriers européens), p. 182. Cf. même auteur, *Economie rurale de la France depuis 1789*,
4ᵉ édit., 1877, Introduction, p. 33, et Conclusion, p. 441.

(2) Joseph Ferrand, *De la propriété communale en France et de sa mise en
valeur*, 1859, p. 21.

avoir aucune autre destination. M. de Lavergne le dit lui-même :
« Un million d'hectares forme des pâturages de montagne qui
ne peuvent être utilisés autrement (1). »

« On ne pourra jamais faire, » écrit M. Cauchy, « que le
pacage des bestiaux ne soit pas l'industrie des montagnes,
comme le labourage est celle des plaines. Or, de même que la
délimitation des terres est presque en tous lieux un besoin de
leur mise en culture, l'industrie pastorale, au contraire, s'ac-
commode beaucoup mieux d'une certaine communauté de dépaissance. De là, cette nécessité de laisser en jouissance commune les vastes pâturages qui s'étendent sur les croupes des
Alpes, des Pyrénées, du Puy-de-Dôme (2). »

Le Conseil général des Pyrénées-Orientales exprimait en 1843
les mêmes idées :

« Les habitants d'un grand nombre de communes, surtout
dans les montagnes, trouvent leur principale ressource dans la
possession et le commerce des troupeaux ; la jouissance des
communaux, lorsqu'ils produisent des pâturages, doit, dans
ces contrées, rester à l'état d'indivision d'un pacage commun,
protégé par les garanties qu'imposent nos lois rurales. La mise
en culture y serait-elle possible, l'intérêt de la commune et
des habitants commanderait de respecter la destination du sol
au mode de jouissance consacré par l'usage et sollicité par les
besoins du pays (3). »

Il est donc entendu que la malédiction prononcée contre les
communaux ne doit atteindre ni les forêts, ni les pâturages en
montagne. Or ces biens représentent déjà plus de 3 millions
d'hectares, près des trois quarts du domaine communal.

Faut-il donner raison aux ennemis de la propriété commune pour les 620,000 hectares de terres productives et les
637,000 hectares de terres improductives qui restent ?

Pas encore. En effet, si l'on consulte la statistique graphique
publiée par le Ministère de l'intérieur en 1863 (4), on se rend
bien vite compte que les départements où la propriété communale a la plus grande étendue sont précisément les départe-

(1) De Lavergne, *Economie rurale de la France*, Conclusion, § VI, p. 441.
(2) Eugène Cauchy, *De la propriété communale*, 1848, p. 135.
(3) Cauchy, *ibid.*, note.
(4) Ce graphique a été reproduit par M. de Crisenoy, *op. cit.*

ments de montagne. Et dans cette carte graphique où les départements sont figurés avec une teinte d'autant plus accusée que la proportion des communaux est plus forte, on croirait presque retrouver une carte physique de la France. Les Vosges, le Jura, les Alpes, le massif central, les Pyrénées s'y détachent avec intensité.

On peut s'en rendre compte par des chiffres. Les départements ont été classés suivant la superficie de leurs biens communaux, comparée à l'étendue totale de leur territoire. Voici les principaux résultats :

N° 1. Hautes-Alpes. . . . . 51 % de biens communaux.
N° 2. Hautes-Pyrénées. . . . 43 % —
N° 3. Savoie. . . . . 42 % —
N° 4. Doubs. . . . . 30 % —
N° 5. Basses-Pyrénées. . . . 30 % —
N° 6. Vosges. . . . . 27 % —
N° 7. Jura. . . . . 26 % —
N° 8. Haute-Saône. . . . . . 26 % —
N° 9. Basses-Alpes. . . . . . 25 % —
N° 10. Haute-Savoie. . . . . 24 % —
N° 11. Pyrénées-Orientales.. . 22 % —
N° 12. Isère. . . . . 21 % —

Etc.......

Dans tous ces départements, les chaînes de montagnes étalent parfois une suite sans fin de roches dénudées où la mousse même s'attache avec peine. Le communal qui s'étend sur ces granits, ces grès, ces porphyres, ces schistes de toute nature, ces graviers, ne peut supporter aucune végétation. Les pierres sont stériles et entre toutes les mains.

Nous ne saurions déterminer quelle est l'importance exacte de cette portion des communaux rebelle par nature à toute tentative de culture ou d'amélioration. Nous estimons cependant que c'est là une partie appréciable des communaux de montagne.

En somme, les griefs qu'on formule contre la propriété communale en général ne valent que pour un quart, un cinquième peut-être de cette propriété.

Pour ce quart ou ce cinquième, nous acceptons tous les reproches. Ces biens ne rapportent pas tout ce qu'ils devraient donner. L'incurie des administrations municipales est, dans bien des cas, évidente. Ce qui appartient à la commune est souvent abandonné à la dévastation de chacun. Avec la jouissance indivise, toute amélioration est presque impossible. « On ne donne pas son travail et son épargne pour que d'autres en viennent profiter ou en partager le profit (1). »

Tous ces reproches, encore une fois, nous les acceptons ; ils sont fondés. Hâtons-nous d'ajouter qu'ils ne nous causent aucune émotion.

§ 3. — *Du point de vue auquel il faut se placer pour apprécier les communaux.*

Avec la jouissance commune, le rendement de la terre est médiocre : voilà qui est entendu. Il ne faut point s'effrayer de ce résultat. Cet inconvénient est largement compensé par des avantages d'un ordre plus élevé.

Nous ne voudrions pas nous insurger contre le progrès. On ne saurait assez admirer le génie employé par notre siècle pour tirer le plus grand parti possible des forces de la nature.

On nous permettra cependant de constater que ce qu'on appelle *le progrès* n'a pas toujours suscité une condition meilleure pour l'homme, les individus et la famille. Le machinisme qui a tué le petit atelier n'a-t-il pas trop souvent apporté la gêne dans bien des foyers ; ne contribue-t il pas encore à créer un asservissement parfois cruel pour l'ouvrier ?

N'insistons pas. Ce que nous voulons démontrer ici, c'est que, pour apprécier l'utilité des communaux, il ne faut pas se placer au point de vue restreint de la production et de la valeur. Il faut aussi et surtout envisager les services que ces communaux peuvent rendre à l'habitant, à l'homme, pour le bien duquel tout ici-bas a été créé.

L'agriculture pour l'agriculture : c'est là une formule que nous n'acceptons pas. Nous préférons nous rappeler ce texte de nos Livres saints : *Terram dedit filiis hominum* (2).

De par Dieu, la terre pour l'homme !

(1) Discours du comte Daru à la Chambre des pairs (*Moniteur*, 1ᵉʳ avril 1847).
(2) Psaume CXIII.

Un savant économiste nous donne raison tout en se plaçant à un point de vue différent : « Il est assez étonnant, » écrit M. Baudrillart, « qu'on oublie ou qu'on subordonne à l'excès l'homme dans l'agriculture, et je me suis souvent demandé comment, lorsque nous avons de si excellentes études sur le cheval et sur le bœuf, on n'en eût que de si incomplètes sur le rôle que joue l'homme dans la production agricole (1). »

L'erreur n'est pas nouvelle, et on a poussé jusqu'à l'absurdité l'oubli ou le mépris de l'homme dans l'agriculture.

On nous excusera de citer un exemple bien singulier :

Dans sa séance du 26 janvier 1787, le comité d'administration de l'agriculture, réuni à Paris, entendit la lecture d'un mémoire de M. de la Pie de la Fage, président de l'élection de Montereau, sur les moyens de multiplier le gros bétail en France.

Nous citons le procès-verbal de la séance : « M. de la Fage propose de rendre des lois prohibitoires pour empêcher de tuer les veaux dans certains temps de l'année. Cette question a déjà été traitée à fond dans de précédentes assemblées du comité. On a observé que, dans un petit ménage de campagne, le lait de la vache était souvent nécessaire à la nourriture des enfants ; que nulle loi ne pouvait obliger un cultivateur à préférer l'éducation du veau à celle de ses propres enfants ; que cette loi serait injuste et inexécutable. Il y a déjà des arrêts des parlements rendus dans cet esprit, mais ils sont sans exécution et il ne peut en être autrement, parce qu'il est dans la nature des choses que tout ce qui est injuste en soi et essentiellement contraire à l'ordre ne peut s'établir malgré les lois qui l'ordonnent (2). »

Nous ne voudrions pas injurier les parlements qui ont mis la justice au service de l'erreur de M. de la Fage ; mais, involontairement, nous nous rappelons le mot de Voltaire. Il n'y a si bon cheval qui ne bronche, disait-on à Voltaire pour excuser l'erreur judiciaire d'un parlement. Et l'impertinent de répondre : « Soit pour un cheval, mais toute une écurie !... »

(1) H. Baudrillart, *Les populations agricoles de la France* (Maine, Anjou, Touraine, etc.), 1888, Préface, p. VII.

(2) H. Pigeonneau et A. de Foville, *L'administration de l'agriculture au contrôle général des finances*, 1882, p. 357.

*
* *

Nous osons donc le dire, le bien de l'homme doit être préféré au progrès de l'agriculture et en particulier à l'amélioration systématique des communaux.

« L'existence des biens communaux, » dit M. le Play, «... doit être placée, dans l'état actuel de l'Europe, au nombre des moyens d'assistance les plus efficaces en faveur des populations rurales ; souvent même, elles y ont trouvé le moyen d'échapper aux atteintes du paupérisme et de se maintenir dans un état prononcé de bien-être et d'indépendance (1). »

« Généralement, » écrit M. Roscher, « l'usage des communaux offre plusieurs côtés très dignes d'éloges, comme une assistance des pauvres, qui ne démoralise point, puisqu'elle oblige les indigents à travailler. En favorisant les vieillards, elle fait d'eux une ressource pour leurs familles, non plus une charge. Elle met un frein à l'envie, si dangereuse à tant d'égards, d'émigration vers les grandes villes, et tend, en définitive, à relever l'esprit communal (2). »

C'est qu'en effet les petites gens trouvent dans les jouissances communales des secours particulièrement précieux pour la vie de chaque jour.

Avec le pâturage commun, on nourrira sans frais, pendant la moitié de l'année, la vache, la chèvre ou la brebis qui donnera le lait à la maison.

Avec les aisances ou allotissements, le ménage le plus dénué de ressources devient possesseur d'un terrain dans lequel il recueille les pommes de terre qui seront toute l'année la nourriture de la famille et qui peut-être permettront d'élever un porc, si toutefois la récolte est suffisante et que par ailleurs on dispose d'un capital ou d'un crédit d'au moins 25 francs.

Rien n'est plus avantageux, pour nos populations rurales, que la répartition de l'affouage.

Aussi, presque partout, lorsque l'étendue de la propriété

---

(1) Le Play, *Les ouvriers européens*, 1855 (Appendice, p. 283, 2ᵉ col.).

(2) Guillaume Roscher, *Traité d'économie politique rurale* (traduction Vogel), 1888, liv. II, ch. VI, p. 337.

communale le permet, le bois de feu est distribué aux habitants plutôt que vendu au profit de la caisse communale (1).

C'est là un secours inappréciable pour les pays de climat rigoureux où l'hiver se fait si durement sentir. Dans toutes les contrées, c'est un avantage considérable pour les familles peu aisées. Au coin du feu qui pétille, le riche oublie ses soucis et le pauvre sa misère. Si la huche n'est pas bien garnie, l'âtre du moins restera allumé... Quelques-uns auront faim peut-être, ils n'auront pas froid.

L'affouage, dans certains pays, s'adapte d'une façon char- charmante aux besoins de l'habitant.

Sur la limite de la Champagne et de la Lorraine, dans ce pays de Beaumont en Argonne, célèbre par la charte libérale d'un archevêque du moyen âge (2), on distribue à chaque mé- nage non seulement du bois de feu, mais encore des *rames* et des *balayettes*. (*Sic* dans les Ardennes : Beaumont en Argonne, Létanne, Sommauthe, Vaux-Dieulet, etc... etc...)

La balayette est une gaule de taillis que l'habitant est invité à venir choisir lui-même, au commencement de l'hiver, dans la coupe affouagère. Ce sera ordinairement une haute perche de charme dont la tête s'étale sur une tige nue et bien droite.

(1) Dans le département des Ardennes :

44 communes possédant 9,600 hectares vendent leurs coupes sur pied. Ce sont le plus souvent des communes qui, par suite de la proximité des villes ou du développement local de l'industrie, ont une agglomération d'habitants trop considérable pour répartir le bois en affouage.

11 communes possédant 563 hectares vendent leurs coupes par petits lots façonnés par un entrepreneur. Ce sont des communes qui, de même qu'un certain nombre appartenant à la catégorie précédente, sont plus préoccupées de leur budget que du bien être de l'habitant.

104 communes possédant 20,678 hectares pratiquent l'affouage; la plupart, lorsque le taillis est composé (taillis et futaie) vendent la futaie au profit de la caisse municipale.

Nous n'avons compris dans cet inventaire que les communes qui ont la libre disposition de leurs bois. Quatorze communes de l'arrondissement de Mézières possèdent d'autre part 6,506 hectares de bois sur lesquels l'Etat exerce le droit *grurial* (droit à la moitié du prix de vente des écorces). Dans cette dernière catégorie, 5 communes possédant 2,357 hectares vendent le bois sur pied, et 9 communes possédant 4,148 hectares pratiquent l'affouage.

(Tous ces chiffres sont tirés d'un document statistique que nous devons à l'obligeance de M. Dérué, conservateur des forêts à Mézières.)

(2) Voir, sur cette charte : abbé Defourny, *La loy de Beaumont*, Reims, 1864, et Edouard Bonvalot, *Le Tiers-Etat d'après la charte de Beaumont et ses filiales*, 1884.

Avec cela, chaque habitant pourra *ramoner* à peu de frais sa cheminée.

Les rames sont connues partout; elles servent, dans les jardins, à supporter les haricots et les pois. Dans les villages dont nous parlons, au printemps, vers le 15 mai, l'administration municipale fait amener sur la place publique un ou plusieurs chariots chargés de fagots de rames. L'appariteur prévient chaque habitant. Tous les ménages, à l'heure indiquée, viennent recevoir de la municipalité les rames qui leur sont attribuées.

Dans les bois communaux, les habitants peuvent recueillir une foule de menus produits, qui ont leur prix pour de pauvres gens (1).

C'est l'herbe pour nourrir quelques lapins, la chèvre ou même la vache. C'est la feuille morte pour en faire des couchettes. C'est la faîne pour fabriquer l'huile. C'est le gland pour nourrir les porcs. C'est la merise pour l'eau-de-vie. Aussi, parmi les espèces d'arbres de la forêt à la conservation desquelles on devait veiller avec le plus de soin, la loi de Beaumont plaçait « *les arbres portant fruits, comme chesnes, faulx, poiriers, pommiers, ceraziers* (2). »

Notons, en passant, que la propriété forestière communale peut, exceptionnellement et dans des temps de véritable disette, apporter un secours précieux pour empêcher le bétail de mourir de faim.

« En 1785, les premiers mois de l'année avaient été d'une sécheresse exceptionnelle : les foins manquaient dans les trois quarts du royaume; les correspondances des intendants étaient des plus alarmantes; on craignait d'être obligé de sacrifier la moitié et dans certaines régions les deux tiers du bétail... Le gouvernement s'émut. Le 17 mai, un arrêté royal autorisa les propriétaires de bestiaux à faire paître le gros bétail (bœufs et chevaux) dans les bois du domaine et dans ceux des communautés séculières et régulières jusqu'au 1er octobre 1785 (3). »

---

(1) Cf. Le Play, *Les ouvriers européens*, 1855, p. 163 (XVII, note A).

(2) Loi de Beaumont, art. 48. — Voir abbé Defourny, *La loy de Beaumont*, p. 75.

(3) H. Pigeonneau et A. de Foville, *L'administration de l'agriculture au contrôle général des finances*, Introduction, p. IX.

En 1893 notamment, la même ressource fut accordée aux communes propriétaires de bois (1), et beaucoup de pauvres gens purent, grâce à cet expédient, empêcher leur vache de mourir d'inanition.

Venir en aide à la maison et à la famille, telle est, sous différentes formes, l'utilité capitale de la jouissance commune.

Telle a été aussi la raison d'être de ces *usages* établis autrefois en faveur des habitants de village.

M. d'Avenel signale, à ce sujet, comment les populations et même un éminent magistrat entendaient, au dix-septième siècle, retrouver en pareille matière l'application des idées de charité et d'assistance :

« A ce rural qui vient au monde dénué de tous biens ou à peu près, » écrit M. d'Avenel, « qui ne doit compter pour vivre que sur l'effort de ses bras, la société garantissait une participation à la propriété foncière, puisqu'elle lui donnait gratis l'herbe et le bois... »

« Cette province étant presque toute en bois, » disent au roi, en 1614, les Etats de Normandie, « les meilleurs et les plus assurés revenus qu'aient les suppliants sont les usages et droits de chauffage qu'ils ont dans lesdites forêts, ce qui les aide à nourrir leur famille. »

« Dans un procès en Parlement de Paris (1628) où les défendeurs étaient un lot de campagnards riverains d'une forêt royale, qui avaient loué des bestiaux à cheptel et les nourrissaient au moyen du droit de pacage, l'avocat général Talon, concluant, au nom du parquet, en faveur de ces paysans contre l'administration forestière qui prétendait interdire cette pratique, s'écriait avec véhémence : « Cela va contre la liberté publique ! Il n'y a ordonnance ni règlement qui autorise cette rigueur ; au contraire, ce serait priver le pauvre peuple de son vivre et le réduire à la mendicité ; d'autant que, chargés de

---

(1) Arrêté ministériel du 13 mai 1893. « Il en existe certainement d'autres analogues à des dates antérieures. En ce qui concerne les forêts des communes, ces décisions ne sont que l'application des articles 112 et 67 du Code forestier. L'introduction du troupeau communal dans les cantons défensables est de droit ; les circulaires ou instructions n'ont pour but que de rendre plus large l'exercice de ce droit suivant les circonstances. » (Communication de M. Ch. Guyot, sous-directeur de l'Ecole forestière à Nancy.)

tailles et impôts, ils n'ont d'autre substance que les pâtures,
et il est raisonnable de leur donner moyen de subsister selon
le lieu de leur demeure (1) ! »

§ 4. — *Sentiment des populations vis-à-vis des communaux.*

Ce n'est donc pas sans raison, que la plupart des populations
rurales sont restées attachées au mode de jouissance en commun des propriétés communales.

Cet attachement, nous l'avons montré à maintes reprises
sous l'ancien régime ; l'histoire de la propriété communale
pendant plusieurs siècles, n'est que le récit des luttes des petits et des humbles pour conserver ce domaine.

C'est cet attachement qui a résisté aux théories économistes
du dix-huitième siècle, comme aux inspirations et même aux
ordres de la Révolution. Voilà pourquoi, malgré les boulever-
sements, les changements de régime, les crises de toute sorte,
le domaine communal a conservé jusqu'à nos jours une si
grande importance.

Qu'on le veuille ou non, c'est là un fait dont il faut tenir
compte.

Les mesures administratives qui froissent ce sentiment tra-
ditionnel, sont ou mal accueillies ou peu respectées. « Si les
attentats contre les propriétés (dans le département des Landes)
sont rares, » nous dit M. Baudrillart, « les paysans n'hésitent
pas à promener leurs troupeaux sur les jachères du voisin et
à ramasser leurs provisions de chauffage dans ses bois... Ces
mœurs traditionnelles tiennent à l'antique constitution du pays.
Les communes possédaient autrefois d'immenses biens communaux, et les habitants y trouvaient ces avantages de pacage et
d'affouage auxquels ils ne peuvent se décider à renoncer (2). »

« En Westphalie, » écrit M. Roscher, « maint partage de
communaux, par le tort qui en résulta pour les petites gens,

<hr>

(1) George d'Avenel, *Paysans et ouvriers depuis sept siècles*, II. (*Revue des
Deux-Mondes*, 15 oct. 1896, p. 817.)

(2) Henri Baudrillart, *Les populations agricoles de la France*, 3ᵉ série, 1893,
Appendice, p. 620.

2

conduisit, en 1848, à des excès qui en firent emprisonner des centaines (1). »

En 1886, nous dit M. Leroy-Beaulieu, « le ministre des finances d'Espagne, M. Caucacho, tomba pour avoir voulu vendre les biens communaux et provinciaux (2). »

Si général que soit ce sentiment, il n'est cependant pas universel.

La propriété collective convient à un état agricole simple et rudimentaire, elle ne peut s'adapter aux procédés de production perfectionnés ni aux méthodes d'une culture intensive (3).

On a vu les communaux disparaître dans les pays riches où les exploitations sont divisées et dans lesquels le village n'est pas forcément l'agglomération de tous les habitants, les usages de communauté ne répondant plus à l'état social.

Ainsi, en Normandie, on constate, depuis la Révolution, « la conversion d'une quantité de biens communaux en propriétés individuelles. Il n'existe aujourd'hui que très peu de terrains communaux dans l'ancienne généralité de Rouen. Il en était tout différemment au dernier siècle, à en juger par l'importance que l'Assemblée provinciale attache à ce sujet en 1787 (4). »

C'est là une évolution naturelle, dont il faut se féliciter au point de vue agricole, mais qui est exceptionnelle.

La propriété communale, nous l'avons dit, se rencontre surtout dans les pays de montagne, et là, par nature, elle n'est guère susceptible d'améliorations culturales, encore moins de transformation.

« Les communaux proprement dits, » écrit M. Desjardins, « ne sont guère susceptibles d'une appropriation individuelle; les pauvres se trouveraient par là privés de leur plus grande ressource : le jour même où ils deviendraient propriétaires fonciers, ils aliéneraient bien vite un lot inutile entre leurs mains; cependant, on aurait entièrement sacrifié l'intérêt de la

---

(1) Roscher, *Traité d'économie politique rurale*, 1888, p. 330, note.

(2) Paul Leroy-Beaulieu, *Traité de la science des finances*, 5ᵉ édit., 1892, t. I, p. 86.

(3) Cf. Leroy-Beaulieu, *Essai sur la répartition des richesses*, 4ᵉ édit., 1897, p. 71.

(4) Baudrillart, *Les populations agricoles de la France* (Normandie et Bretagne), 1885, p. 103.

génération future, et l'avenir serait appauvri sans profit pour le présent. Aussi, rien de moins étonnant que l'exemple cité par le Conseil général de la Meurthe, d'habitants qui s'étaient réunis spontanément, après le partage forcé de 1793, pour rendre leurs lots à la commune (1). »

On pourrait objecter que ce sentiment n'est pas celui des populations de La Marche et du Limousin. Nous avons constaté notamment que les Conseils généraux de la Creuse et de la Haute-Vienne ont réclamé avec insistance le partage des communaux.

Nous ferons observer que, dans ces pays, le domaine communal est presque tout entier entre les mains des sections de commune.

« Dans le département de la Haute-Vienne (en 1857), sur 19,727 hectares de biens communaux, on compte 19,712 hectares appartenant à des sections de commune se subdivisant en 1,808 sections ; on ne compte que 13 hectares appartenant aux communes (2). »

« Dans les départements montagneux du centre de la France, » écrit M. Aucoc, « le nombre des sections d'une même commune est en moyenne de 10, 11 et 15, et s'élève parfois jusqu'à 30, 36, 39 et même 64 et 66 (3). »

Dans ces conditions, la propriété communale appartient seulement à des groupes d'habitants, groupes d'autant moins peuplés que le nombre des sections est plus multiplié dans la commune. Il y a là une indivision entre quelques ménages, d'où résultent plus d'inconvénients que d'avantages. Nous nous expliquons fort bien et nous approuvons les réclamations de ces pays au sujet de l'existence de ces communaux placés absolument en dehors des conditions normales.

---

(1) Arthur Desjardins, *De l'aliénation et de la prescription des biens de l'Etat, des départements, des communes*. Paris, 1862, Introduction, p. XXIX.

(2) Procès-verbal des séances du Conseil général de la Haute-Vienne pour l'année 1857 (Aucoc, *Des sections de commune*, 2ᵉ édit., p. 153).

(3) Aucoc, *Conférences sur le droit administratif*, 3ᵉ édit., 1885, t. I, p. 334.

CHAPITRE II.

CONCLUSIONS.

Nous avons plus d'une fois, au cours de cette étude, exprimé notre opinion au sujet des communaux. Nous voulons ici nous résumer et conclure.

§ 1er.

Nous sommes partisans de la conservation des communaux pour les services qu'ils rendent à l'habitant. Nous ne demandons pas toutefois que le patrimoine communal soit maintenu ou même agrandi sans raison. Nous ne nous opposons pas aux améliorations des biens communaux, loin de là ; mais nous croyons utile de le redire : il y a des communaux qui, par nature ou par situation, ne peuvent être livrés à la culture.

En veut-on un dernier exemple. Dans une statistique agronomique de l'arrondissement de Toul, rédigée en 1860, l'auteur nous fait connaître que 2,886 hectares de terres vaines ou vagues et de pâturages sont la propriété des communes. « Ce sont, » dit-il, « en général, des terrains où le sol a trop peu de profondeur pour être soumis à la culture ; 463 hectares, depuis la confection du cadastre, ont été partagés ou loués, solution peu pratique à cause de la mauvaise qualité du sol (1). »

Nous désirons que les communaux soient améliorés ; mais, en principe, nous voulons que l'Etat n'emploie, dans ce but, aucun moyen coercitif et que les communes conservent tou-

---

(1) Jacquot, *Statistique agronomique de l'arrondissement de Toul.* Paris, 1860, p. 217 et 219.

jours la libre administration de leurs propriétés. A plus forte
raison, nous repoussons avec énergie toute confiscation directe
ou indirecte du domaine communal par l'Etat. Que dire de
l'opinion de cet auteur, qui propose de n'accorder l'aliénation
des biens communaux que « sauf prélèvement par l'Etat du
tiers du bénéfice réalisé (1)! »

« Il n'est pas possible, » écrit M. Le Berquier, « sans faire
violence à la loi actuelle, d'enlever à la commune le droit dont
elle jouit, de régler l'administration de ses biens, et qui est au
nombre de ses prérogatives les plus essentielles (2). »

Au point de vue économique, la conclusion est la même.

« Toute théorie absolue en ces matières, » dit M. Cauchy,
« aboutirait à des résultats préjudiciables aux intérêts même
que l'on voudrait servir ; ce qui, dans certaines localités, serait
juste, utile, opportun, deviendrait, ailleurs, une source de
froissements, d'injustice, de dommage (3). »

Aussi, nous repoussons avec énergie toute intervention du
législateur qui aurait pour but d'ordonner, par mesure générale, le partage, la vente ou l'amodiation de tout ou partie du
domaine communal.

Nous demanderons seulement, qu'on insiste auprès des administrations municipales pour leur faire apprécier les avantages
des biens communaux et leur enseigner la voie à suivre pour
en tirer le meilleur parti.

Ce rôle peut être celui de l'Etat pourvu que les préoccupa-
tions politiques ne paralysent pas son influence et son action.
Nous attendons davantage de l'initiative des sociétés privées.
Par leurs enseignements, par leurs encouragements, les syndi-
cats agricoles, les sociétés d'agriculture, notamment la Société
des agriculteurs de France, peuvent exercer l'influence la plus
efficace et provoquer des réformes utiles (4).

Il importe de faire connaître au pays, l'excellent parti qu'on

---

(1) Bouthors, *Les sources du droit rural*, 1865, p. 569, n° 392.

(2) Jules Le Berquier, *De la commune en France et des biens communaux*,
(*Revue des Deux-Mondes*, 15 janvier 1859, p. 374).

(3) Eugène Cauchy, *De la propriété communale*, p. 111.

(4) La Société des agriculteurs de France, ne pourrait-elle pas stimuler le zèle
des communes en décernant des récompenses là où des communaux incultes
auraient été utilisés ?

peut tirer des communaux par des plantations de bois et aussi par des concessions temporaires de terres cultivables, par ces allotissements que le dix-huitième siècle a multipliés et qui ont produit les meilleurs résultats en France, comme en Angleterre, comme en Suisse. Ces moyens sont recommandés particulièrement par deux savants économistes, M. Leroy-Beaulieu et M. de Laveleye (1).

A. — Plantations de bois.

La plantation des terres incultes est une opération qui n'est pas dispendieuse, soit qu'on plante à la charrue des essences feuillues, soit plutôt qu'on garnisse le terrain à la pioche avec des résineux. Il n'y a guère de terres si déshéritées, qui ne puissent donner ainsi un rendement et en même temps s'améliorer par les détritus des végétaux ligneux.

On ne saurait trop faire connaître les résultats vraiment surprenants qui ont été acquis depuis un demi-siècle sur les calcaires désolés de la Champagne.

« Allez en Champagne, » écrit M. Noël, « consultez les grands comme les petits propriétaires de cette région parsemée de terrains arides et improductifs. Çà et là, la monotonie du paysage est tranchée brusquement par des bandes de verdure. Ce sont les repeuplements résineux en pin sylvestre, pin laricio, pin d'Autriche, mélèze, effectués depuis cinquante ans sur de vastes espaces et qui aujourd'hui sont en plein rapport. Là, un propriétaire qui avait acheté l'hectare aride et nu au prix de 4 francs il y a trente-cinq ans, et qui a dépensé 50 fr. seulement pour le reboisement, vient de retirer 1,800 francs de sa coupe. Le terrain repeuplé naturellement vaut maintenant de 400 à 600 francs l'hectare (2). »

Pourquoi les communes ne suivraient-elles pas l'exemple de ces propriétaires? La plupart des terrains incultes qui leur appartiennent, valent encore mieux que les calcaires de Champagne.

---

(1) Paul Leroy-Beaulieu, *Traité de la science des finances*, 5ᵉ édit., 1892, t. I, p. 84. — Emile de Laveleye, *De la propriété et de ses formes primitives*, 2ᵉ édit., 1877, ch. XVIII *in fine*, p. 313.

(2) Arthur Noël, *Essai sur les repeuplements artificiels*, 1882, Introduction, nᵒ 35.

On nous excusera de citer un fait personnel. Le domaine que nous habitons dans les Ardennes, comprenait une quantité importante de ces terres vagues appelées dans le pays « triots », sur lesquels autrefois les moutons pouvaient plutôt se promener que pâturer. M. Mathys, beau-père de celui qui écrit ces lignes et propriétaire du domaine de Belval (Ardennes), entreprit il y a cinquante ans de planter ces terrains, restés incultes depuis la création. Les travaux avec le temps ont obtenu le succès le plus complet (1), succès comme résultat et comme exemple. En effet, dans les communes du voisinage, les habitants ont été impressionnés par ces heureuses plantations et, depuis sept ou huit ans, les conseils municipaux de Vaux-Dieulet et de Fossé (Ardennes), — pour ne citer que ceux-là, — ont entrepris la plantation de territoires considérables de « triots. » C'est ainsi particulièrement que la commune de Vaux-Dieulet a créé tout récemment neuf hectares de superbes plantations qu'elle augmente chaque année.

L'exemple, il est vrai, a été longtemps avant de porter des fruits. Mais il faut l'avouer, les membres des administrations municipales, du moins dans ce coin des Ardennes, décidaient quelquefois des intérêts communs d'après leur avantage personnel. Jusqu'alors l'élevage du mouton rapportait. Les membres du conseil municipal étant les principaux cultivateurs de la commune et possesseurs presque exclusifs des moutons, conservaient avec soin ces terres vagues à l'état de nature, parce que leurs troupeaux s'y entretenaient sans bourse délier. Depuis vingt ans, le prix de la laine ayant baissé de plus de moitié, l'élevage du mouton a été presque abandonné, et les conseillers municipaux, ont eu toute liberté de songer sans arrière-pensée à tirer un meilleur parti des terrains vagues de la commune ; ce qu'ils ont fait, et ce dont on ne saurait trop les féliciter.

Combien de communes en France pourraient ainsi rendre productifs des terrains encore sans valeur? Dira-t-on qu'il faut quelque avance de fonds pour planter? Mais quelle est la commune qui ne saurait trouver 60 ou 80 francs dans son budget

---

(1) Nous avons placé à la suite de notre étude une *Note sur les plantations de Belval*, afin de démontrer quels résultats ont été obtenus.

pour entreprendre chaque année la plantation d'un hectare en résineux !

Admettons que le budget communal ne puisse se prêter à cette opération. La commune pourra emprunter pour planter; cela vaudra mieux que d'emprunter pour bâtir, ce qui se voit pourtant fréquemment.

Mais la commune n'a aucun crédit. Reste encore à prendre le parti qui a été suivi en 1857 dans les Landes : aliéner une portion des terrains pour pouvoir boiser le restant.

Peu importe le moyen; il suffit de vouloir.

Il ne faudrait pas cependant conclure d'une façon absolue que tous les communaux peuvent et doivent être plantés. La nature du terrain ou l'intérêt des habitants peut s'y opposer.

A la fin de l'année 1701, alors que l'esprit public se préoccupait de la disette des bois, le contrôle général des finances à Paris crut devoir consulter les intendants au sujet d'un mémoire qui proposait au gouvernement d'exiger la plantation immédiate de tous les communaux.

Certaines de ces réponses sont à méditer :

L'intendant d'Amiens écrit : « A peine y a-t-il assez de *communes* pour la nourriture des bestiaux ; les landes appelées *riez* sont très chargées de cailloux ou d'une qualité de craie qui est d'une stérilité absolue. »

L'intendant de Bourgogne : « Quant à planter les communaux, personne ne voudrait se charger de les enlever aux communautés, que cette perte ruinerait absolument et qui traiteraient les nouveaux occupants comme des usurpateurs. »

L'intendant de Caen : « Quant à l'ensemencement des landes, terres incultes et communes qui sont très nombreuses dans les élections de Coutances, Vire, Avranches et Mortain, on ne pourrait l'obtenir qu'en assurant force privilèges aux particuliers qui s'en chargeraient. »

L'intendant de Poitiers dit : « que les *communes* se trouvent généralement dans des terrains marécageux impropres à porter du bois, et que personne d'ailleurs ne voudrait acquérir. »

L'intendant de Provence répond que « le terrain montagneux est impropre à semer du bois, que rien de ce qui peut être cultivé ne reste en friche, et qu'on ne saurait priver du pacage dans les taillis des montagnes des habitants qui n'ont que leurs chèvres .pour se nourrir et engraisser leurs terres. »

L'intendant de Soissons « ne croit point praticable d'afféager les landes ou terres vagues et incultes qui servent à la nourriture du bétail (1). »

Aujourd'hui encore certaines des objections exprimées par les intendants conservent leur valeur.

B. — *Allotissements. Aisances. Partages de jouissance.*

Par les plantations de bois, les communes peuvent, presque toujours, tirer un bon parti de leurs terrains vagues.

Cependant, les administrations communales feront bien de ne pas oublier la destination secourable des communaux. Si des biens communaux, même productifs de revenus, se trouvent à proximité des habitations, surtout si les habitations sont toutes réunies dans le village, une excellente mesure à prendre sera de répartir tout ou partie de la propriété communale en allotissements.

Si c'est là un moyen de mettre en valeur des terres jusquelà incultes, il faut s'en féliciter ; mais ce qu'il faut envisager surtout, ce sera le profit donné à l'habitant et aux familles.

Rien de plus avantageux pour ceux-là, qui peut-être n'ont même pas un jardin, que de recevoir de la commune la jouissance d'un lot de terre où seront cultivés tous les légumes nécessaires au ménage. Aussi rien de plus apprécié que ces *aisances*, comme on les appelle dans nos régions de l'Est. Inutile, du reste, de consacrer aux allotissements une étendue de terre trop considérable. Un demi-arpent par ménage suffit largement (19 à 20 ares).

« Nos départements les plus pauvres, » écrit M. Ferrand, « possèdent des communaux d'une grande étendue qu'ils ne peuvent en général ni louer, ni aliéner, ni gérer avec profit ; leur population, sur plus d'un point, est misérable, sans industrie, souvent sans travail ; ici encore, ici surtout, qu'on ait recours à l'allotissement ! Concéder, même temporairement un lot de terre à un chef de famille, c'est le mettre en possession d'un capital, c'est l'attacher au sol et au travail et le préparer

____

(1) De Boislisle, *Correspondance des contrôleurs généraux des finances avec les intendants des provinces.* Paris, 1873, t. II, n° 355, note, p. 100 à 102.

à tous les instincts et à tous les enseignements de la propriété. Une population malheureuse et inquiète trouvera dans l'allotissement des éléments sérieux de bien-être et de moralisation; la commune, des ressources nouvelles qu'elle pourra élever selon le revenu des lots et selon les besoins de la caisse municipale (1)... »

En Angleterre, nous dit M. Faucher (2), la condition d'ouvriers misérables a été complètement changée dès que l'on eut l'idée « d'attacher à la chaumière une parcelle de terrain cultivable ayant un acre ou un demi-acre d'étendue... Ce système, que l'on désigne tantôt sous le nom de *allotment system*, tantôt sous celui de *field-garden system*, et tantôt sous celui de *rootland system*, bien qu'il n'ait reçu jusqu'à présent qu'une application partielle, a déjà produit les meilleurs effets. Voici le témoignage qu'en rendent les commissaires chargés d'examiner la condition des femmes et des enfants employés dans l'agriculture :

Les lots de terre (*allotments*), dit M. Vaughan, commissaire envoyé dans les comtés de Kent, de Surrey et de Sussex, peuvent être considérés comme une tentative faite pour ajouter à l'industrie de l'homme celle de sa femme et de ses enfants, pour écarter ceux-ci d'un marché encombré, et pour affranchir leur consommation de la surcharge qu'ils payeraient dans les boutiques de village. Ce système affecte spécialement les femmes et les enfants, sous le rapport de l'occupation comme sous celui du salaire, en leur offrant un travail facile et profitable : il donne aussi plus d'activité aux soins domestiques, et provoque la femme à déployer son habileté dans la préparation des végétaux, *aliments qui étaient tombés en désuétude...*

« Dans la partie occidentale du Sussex, ce système a principalement été utile aux enfants des deux sexes, qui ont appris ainsi à planter et à sarcler. La cuisine du ménage s'est également ment fort améliorée, et la nourriture, au lieu de prendre pour base le pain, le beurre et le fromage achetés dans les boutiques, se compose de végétaux assaisonnés au logis. »

Dans les comtés de Suffolk, de Norfolk et de Lincoln, les

<hr>

(1) Joseph Ferrand, *De la propriété communale en France*, 1859, p. 66.
(2) Léon Faucher, *Etudes sur l'Angleterre*, 2ᵉ édit., 1856, t. I, p. 139.

lots de terre sont devenus la ressource de la population rurale, lorsque l'industrie de la filature domestique a disparu.

« Ce système, » dit M. Denison, « favorise les bonnes habitudes ; il est moral et social à la fois ; il emploie les femmes ainsi que les enfants. Un esprit d'émulation s'empare des paysans, qui cherchent à se surpasser l'un l'autre dans la qualité ainsi que dans la quantité des produits. Si l'on attachait quarante à cinquante verges de terre à chaque chaumière dans les districts ruraux, on ferait cesser le paupérisme.

» La paroisse de Balmer, sur la frontière du comté d'Essex, était une des plus chargées de pauvres ; il y a quelque temps, on partagea une certaine étendue de terre entre soixante-treize familles, à raison de quarante verges par famille et de 10 shillings (13 fr.) de loyer par année. Cette paroisse est aujourd'hui celle qui présente l'aisance la plus générale, et la taxe des pauvres s'y est réduite dans une notable proportion. Les lots de terre ont fait succéder la prévoyance à l'imprévoyance. Un chef de famille qui n'en a pas obtenu se considère comme étant moins riche de 2 shillings par semaine.

» Dans la paroisse d'Elneham, on compte près de cent chaumières auxquelles des lots de terre sont joints. La culture de ces parcelles occupe invariablement les enfants et les femmes ; les bons résultats du système, sous tous les rapports, sont incalculables : il apporte le bonheur, le contentement, l'amour du travail, la régularité des mœurs ; et les pauvres eux-mêmes commencent à l'apprécier.

» Les journaliers qui ont des lots de terre sont bien supérieurs aux autres. Ils trouvent ainsi de l'occupation et de l'amusement autour d'eux pour les moments de loisir ; et leur âme s'élevant à des pensées plus morales, ils cessent de fréquenter le cabaret. La possession d'une petite propriété leur apprend à respecter la propriété d'autrui. Il est sans exemple que le possesseur d'un lot ait été traduit devant le jury, et je connais au contraire des cas remarquables d'amendement. »

Nous avons déjà signalé le résultat économique des partages de jouissance de communaux opérés en France à la fin du dix-huitième siècle. Nous les avons approuvés hautement, du moment que le fonds de la propriété communale n'était pas aliéné.

En Suisse et dans une partie de l'Allemagne, on retrouve ces partages de jouissance du bien communal qui s'appelle l'*Allmend*. M. de Laveleye en parle avec admiration (1) :

« Je crois, » dit-il, « avoir constaté les bons effets économiques de la propriété communale bien organisée, telle qu'elle l'est dans l'*Allmend* de la Suisse et de l'Allemagne méridionale, où la terre arable collective est partagée entre les habitants la vie durant. Cette curieuse institution ne se rencontre pas, comme on l'a cru, uniquement dans les cantons alpestres. Elle est encore en pleine vigueur dans toute la Suisse allemande, en Hesse, en Bade, en Wurtemberg et dans les Hohenzollern. Elle s'est maintenue en de riches villages et même en de petites villes, dans les plaines si admirablement cultivées du Rhin, jusque dans la partie de la Hesse où le Code civil français ne l'a pas fait disparaître.

» Certes, je ne vois pas, dans l'*Allmend*, la solution de ce que l'on appelle la question sociale, car je n'imagine pas qu'il existe des recettes pour guérir d'un coup les sociétés des maux et des iniquités résultant d'un long passé de mauvais gouvernement. Je ne crois qu'aux améliorations lentes et successives ; mais, à ce titre, je pense que l'*Allmend* offre de nombreux avantages. Elle empêche à la fois le morcellement excessif et l'accaparement de la propriété par les *latifundia*. Elle permet aux villages d'exécuter des travaux d'ensemble sur le domaine. Elle donne une base à la famille-souche dont parle l'école Le Play. Elle attache le campagnard à la terre par les liens de l'intérêt, et prévient ainsi en quelque mesure l'émigration à la ville. Elle offre aux familles peu aisées un secours moins sujet à objections que la loi des pauvres et le *Work-House* en Angleterre, et que les bureaux de bienfaisance du continent. Elle empêche la naissance ou l'accroissement du paupérisme rural. Elle initie à la vie politique les habitants du village qui, dans leurs assemblées générales, règlent directement l'administration du domaine collectif... »

Il y a donc, dans ces partages de jouissance, une ressource

---

(1) Emile de Laveleye, *La propriété primitive dans les townships écossais.* Orléans, 1885, p. 13 (Extrait du compte rendu de l'Académie des sciences morales et politiques).

bien précieuse pour l'habitant ; c'est là une utilisation admirable des communaux, et, partout où cela est possible, les Conseils muncipaux devront tenter cette organisation ; ils devront surtout maintenir ce qui aura été fait déjà dans ce but.

Après la maison, il n'y a rien qui tienne au cœur de l'homme plus que le champ, le jardin, le coin de terre.

Qu'on nous permette un rapprochement.

L'organisation sociale du moyen âge avait appliqué largement la maxime divine : *Terram filiis hominum.* Les fondateurs de nos villages, des *« villes neuves, »* avaient doté richement les bourgeois qu'ils affranchissaient :

« Les bourgeois, » nous dit **M. Bonvalot**, « ont, sous la dénomination d'aisements, d'aisances (*usus, aisantiæ*), un droit de jouissance sur le domaine communal institué lors de l'affranchissement (1). »

La vie leur était assurée.

Dans nos villes modernes, où l'ouvrier trouve à peine un logement insalubre, la terre est le luxe du riche. C'est un fait brutal ; mais quel remède y apporter ?

De nos jours, le socialisme en Angleterre, la charité en France, ont voulu mettre cette terre entre les mains de l'ouvrier. Inutile de dire que c'est par des moyens différents ; mais cette tentative n'est-elle pas l'application de l'idée ancienne des communaux ?

En Angleterre, l'*act* du 5 mars 1894 est venu donner au Conseil de paroisse « le pouvoir de louer des terres à l'amiable, en exécution des *acts* spéciaux sur les *allotments*. Mais ce qui distingue ce pouvoir, c'est qu'il va jusqu'au droit de contraindre les propriétaires à faire ces locations, au cas où ils ne s'y prêteraient pas de bonne grâce. C'est même un trait saillant de la politique nouvelle que de multiplier les locations de petits terrains au profit des ouvriers des campagnes, même contre la volonté des propriétaires et par les procédés les plus exorbitants. Ainsi le veut le principe démocratique porté à son plus haut point d'intensité par l'interprétation socialiste (2). »

_____

(1) Edouard Bonvalot, *Le Tiers-État d'après la charte de Beaumont*, 1884, p. 344.

(2) A. de Haye, *L'organisation des paroisses en Angleterre* (*Bulletin de la Société de législation comparée*, mars 1895, p. 237). — Voir le détail des dis-

En France, la charité privée, cette bonne fée aux mille ressources, a été plus ingénieuse et moins brutale. Sans introduire le désordre dans la société, elle a poursuivi le même but et avec succès.

A Sedan, une femme de cœur, Mme Hervieu, organisa, en 1891, « l'*œuvre de la reconstitution de la famille.* » « Une société fut formée, » nous dit M. Louis Rivière (1), « elle loua, aux environs de la ville, deux pièces de terre d'une surface totale de 14,000 mètres, et les divisa entre 21 ménages. Les parts varient de 600 à 800 mètres carrés, suivant le nombre des personnes composant la famille. Outre la terre, on fournit aux preneurs les graines, outils et engrais nécessaires pour commencer à la cultiver... Les résultats de la première année se résumaient ainsi : avec une dépense de 531 fr. 75 on a assuré à 145 personnes un secours effectif et une portion notable de leur nourriture. Cela fait, pour l'année, 3 fr. 67 par personne ou 30 centimes par mois. Qu'eût produit, je vous le demande, un secours aussi minime donné en argent ou en bons ? Et en outre, les assistés ont repris l'habitude du travail, ont employé utilement un temps qui eût été perdu au cabaret, au double détriment de leur santé et de leur bourse. Les enfants ont été dressés à travailler près de leurs parents et ceux-ci à vivre avec leurs enfants... En 1897, l'œuvre a assisté 95 familles et les jardins couvrent tout près de 6 hectares. »

L'exemple est contagieux, et la charité active. A Saint-Etienne, à Rosendaël, à Arras, à Hazebrouck, à Gravelines, à Valenciennes, à Montreuil-sur-Mer, à Saint-Riquier, à Boulogne-sur-Mer, à Bruxelles même, à Orléans, à Mende, à Nantes, à Reims, à Brives, à Poitiers, à Besançon, à Soissons, des jardins ouvriers ont été créés. Nous n'entreprendrons point ici d'étudier les résultats obtenus ; il nous suffit de signaler ce mouvement (2).

positions de la loi dans l'*Annuaire de législation étrangère*, 1895, p. 39 et suiv.

(1) Louis Rivière, *Une forme nouvelle d'assistance par le travail : les jardins ouvriers* (*La Réforme sociale*, n° du 16 mars 1898, p. 460 et suiv.).

(2) Voir pour les détails, avec le travail précité de M. Rivière : R. P. Roure, *Les jardins ouvriers de Saint-Etienne* (*Etudes religieuses, philosophiques et littéraires* du 15 octobre 1896). *Œuvre de la reconstitution de la famille.* Sedan, imp. Jules Laroche (Comptes rendus annuels). Cf. Brunetière, *Revue des Deux-*

II

L'amélioration du domaine communal et la bonne utilisation qui doit en être faite est donc surtout l'œuvre des Conseils de la commune.

De son côté, l'administration supérieure ne saurait se désintéresser de cette question si importante. C'est à elle qu'incombe le devoir d'éclairer les Conseils municipaux et de leur faciliter l'accomplissement de la tâche. C'est ainsi, par exemple, que l'autorité préfectorale devra veiller avec soin à ce que le tarif de la taxe affouagère ne soit jamais trop élevé.

L'administration forestière devra autoriser dans les bois communaux, avec les plus grandes facilités (1), les récoltes d'herbes, litières, feuilles sèches, faînes, etc., qui sont la ressource des pauvres gens.

Nous ne voudrions pas voir se multiplier les partages en propriété des communaux, mais nous l'avons dit, nous considérons comme utile une loi qui autoriserait les opérations de ce genre dans les pays sectionnaires du centre de la France. Il faudrait pour cela reprendre le projet de loi de 1868 pour les huit départements qui y étaient spécialement visés (2).

Enfin, nous demanderions que, dans certains pays, l'Etat abandonnât gracieusement, au profit de nos populations rurales, les droits féodaux dont il est encore détenteur sur la propriété forestière communale. Les privilèges ont été abolis depuis tantôt cent ans; le clergé et la noblesse ont été généreux, l'Etat l'a été moins.

Dans le pays lorrain, ce droit de *tiers-denier* dont nous avons parlé n'est qu'un droit féodal. Féodal aussi, ce droit *grurial* que l'Etat exerce dans plusieurs communes des Ardennes de la vallée de la Meuse (3). « Le gouvernement, » écrit une his-

---

Mondes, 1ᵉʳ mai 1898, p. 236. J.-B. Piolot, *Correspondant*, 10 juillet 1898, p. 136 et suiv.

(1) C'est un devoir de justice pour nous de signaler ici l'esprit libéral de l'administration forestière.

(2) La question du partage dans les pays sectionnaires a été étudiée en détail par M. Juillet Saint-Lager, *De l'avenir des biens communaux en France*, 1882.

(3) Quatorze communes de l'arrondissement de Mézières, possédant ensemble

torien local, « qui avait aboli les droits féodaux en avait maintenu quelques-uns dont il tirait profit. De ce nombre était le
droit grurial, qui subsiste encore aujourd'hui et en vertu duquel
l'Etat prélève un peu plus de moitié sur le prix total de la
vente des écorces dans les bois communaux, droit onéreux
dont la commune voudrait être affranchie, mais que l'Etat
maintient, même contre les demandes de rachat (1). »

*
* *

Nous avons terminé cette étude. Nous accusera-t-on d'avoir,
contrairement au sentiment général, envisagé les communaux
sous un jour trop favorable? Peut-être. Mais ce que nous admi-
rons dans le bien communal, c'est qu'il offre à tous un patrimoine. Nous sommes de ceux qui, par tradition et par convic-
tion, croient que l'homme attaché à la terre conserve davantage
les qualités morales qui ennoblissent l'individu et grandissent
un peuple. De nos jours, les intérêts cosmopolites et la vie
fiévreuse tendent de plus en plus à jeter la famille hors de son
foyer, effaçant les traditions, isolant les individus. En même
temps s'affaiblit l'amour de la patrie.

Nous voulons reconnaître dans cette propriété communale,
un lien qui attache au pays les déshérités de la fortune.

La patrie, c'est la terre. C'est pour tous, riches ou pauvres,
ce village, ce clocher, qui évoquent le souvenir de notre ber-
ceau. C'est le champ que nos pères ont cultivé et embelli.
C'est cette terre qui couvrira de fleurs ou de ronces la poussière
de notre tombe.

6,506 hectares de bois, sont ainsi soumises par l'Etat à l'exercice du droit
grurial.

(1) Abbé Péchenard, *Histoire de Gespunsart*. Charleville, 1877, p. 271.

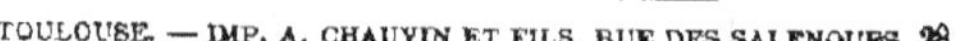

TOULOUSE. — IMP. A. CHAUVIN ET FILS, RUE DES SALENQUES, 28.

Albert FONTEMOING, éditeur, 4, rue Le Goff, 4, à Paris

REVUE GÉNÉRALE
DU DROIT, DE LA LÉGISLATION
ET DE
LA JURISPRUDENCE
EN FRANCE ET A L'ÉTRANGER

Dirigée par MM.

C. APPLETON
Professeur à la Faculté de droit
de Lyon;

Alph. BOISTEL
Professeur à la Faculté de droit
de Paris;

J. BRISSAUD
Professeur à la Faculté de droit
de Toulouse;

Max. DELOCHE
Membre de l'Institut;

Th. DUCROCQ
Professeur à la Faculté de droit
de Paris, Doyen honoraire
Correspondant de l'Institut;

J° LEFORT
Avocat au Conseil d'État et à
la Cour de cassation,
Lauréat de l'Institut;

Fréd. MATHÉUS
Ancien maître des requêtes au
Conseil d'État;

H. PASCAUD
Conseiller à la Cour d'appel
de Chambéry;

J. VALÉRY
Professeur agrégé à la Faculté
de droit de Montpellier.

H. BROCHER
Professeur de droit à l'Université
de Genève.

Enrico FERRI
Député, Professeur à l'Université
de Rome.

Frédérick POLLOCK
Professeur à l'Université d'Oxford,
Correspondant de l'Institut.

AVEC LE CONCOURS D'UN GRAND NOMBRE DE PROFESSEURS, DE MEMBRES DE LA MAGISTRATURE
ET DU BARREAU FRANÇAIS ET ÉTRANGER

LA REVUE GÉNÉRALE DU DROIT

Paraît tous les deux mois (depuis le 1er janvier 1877) par livraisons de chacune six feuilles (*au moins*) grand in-8° cavalier et forme, à la fin de l'année, un fort volume de 600 à 650 pages, imprimé sur beau papier en caractères neufs.

Le prix de l'abonnement est de 16 fr. pour la France et les pays faisant partie de l'Union générale des postes. — Pour les autres pays, les frais de poste en sus. Prix du numéro double, séparément : 3 fr. 25.

Tout ce qui concerne la Revue doit être adressé *franco* à M. Albert FONTEMOING, éditeur-propriétaire-gérant de la **Revue générale du droit**.

On s'abonne, en province et à l'étranger, chez les principaux libraires et dans les bureaux de poste.